Elsbeth Bihler

Mit Kindern Bibel-Geschichten erleben

Ideen für Familie, Kindergarten und Grundschule

Mit Illustrationen von Eve Jacob

Lahn-Verlag

Inhalt

Vorwort		4
Geschichte:	Lena und die Bücherei	5
Aktion:	Die Bibel – ein Buch mit vielen Geschichten	6
Gestalten:	Bibel-Bücherei-Ausweis	7
Wissenswertes:	Geschichtenerzähler	8
Spiele:	Stille Post / Geschichten erzählen	9
Gestalten:	Schriftrolle	9

Geschichten aus dem ALTEN TESTAMENT

Aus der Bibel:	Gottes Bogen	10
Stilleübung:	Die Farben des Lebens	11
Lied:	Ein bunter Regenbogen	12
Aus der Bibel:	Abraham bricht auf	13
Aktion:	Segen mit Bewegung	14
Wissenswertes:	Familiengeschichten	15
Aktion:	Familiengeschichten darstellen /	
	Familiengeschichten erzählen	16
Aus der Bibel:	Mose am Dornbusch	17
	Gestaltung zum Bibeltext	18
Wissenswertes:	Von Richtern und Königen	20
Aktion:	Königskronen aus Goldpapier / Salben	21
Wissenswertes:	Psalmen loben und bitten Gott	22
Aus der Bibel:	Herr, unser Gott	22
Stilleübung:	Der gute Hirte	23
Aus der Bibel:	Gott – der gute Hirte	23
Aus der Bibel:	Das Volk, das im Dunkel lebt, sieht ein helles Licht	24
	Spiel zum Bibeltext	25

Inhalt

Geschichten aus dem NEUEN TESTAMENT

Wissenswertes:	Eine freudige Nachricht breitet sich aus	26
Aus der Bibel:	Jesus wird getauft	27
	Gestaltung zum Bibeltext	28
Aus der Bibel:	Jesus in der Synagoge	29
Lied:	Wie man andere versteht	30
Stilleübung:	Ich spüre mich	31
Aus der Bibel:	Bartimäus	32
	Gestaltung zum Bibeltext	32
Stilleübung:	Sehen	34
Aus der Bibel:	Vom Schatz im Acker	35
Stilleübung:	Schätze fürs Leben	35
Aus der Bibel:	Das Gleichnis vom Festmahl	36
	Spiel zum Bibeltext	36
	Gestaltung zum Bibeltext	37
Aus der Bibel:	Jesus betet	38
	Gestaltung mit Tüchern zum Vaterunser	39
Körperübung:	Beten	40
Aus der Bibel:	Jesus sagt: Ich bin bei euch	41
Aus der Bibel:	Die erste Christengemeinde	42
	Gestaltung zum Bibeltext	42
Gestalten:	Das Haus Gemeinde/Gemeindemobile	43
Wissenswertes:	Briefeschreiber	44
Aus der Bibel:	Unterschiedliche Gaben	44
Aus der Bibel:	Ihr seid von Gott geliebt	45
Aus der Bibel:	Das himmlische Jerusalem	46
Einstimmung:	Gottes Stadt	47
Stilleübung:	Wir träumen von Gottes Stadt	47

Vorwort

Dieses Praxisbuch möchte Kindern die Bibel als das wichtigste Buch der Christen vorstellen. Wie in einer Bücherei gibt es darin viele Bücher. Sie beschreiben im Alten Testament den Weg Gottes mit den Menschen, angefangen bei Abraham, der sich aufmacht, weil Gott ihn ruft. Im Neuen Testament erzählen Geschichten von den Taten Jesu und seiner Auferstehung sowie vom Leben der ersten Christengemeinden.

Das Werkbuch enthält eine reiche Auswahl an Ideen, um die Bibel zu entdecken: kindgerecht formulierte Bibeltexte und kreative Gestaltungsvorschläge, Lieder, Stilleübungen, pfiffige Aktionen und Spiele.

Alle Einheiten sind in der Praxis sofort einsetzbar und lassen sich mit einfachen Mitteln gestalten. So können sich Groß und Klein auf eine spannende und informative Entdeckungsreise durch das „Buch der Bücher" begeben.

Elsbeth Bihler

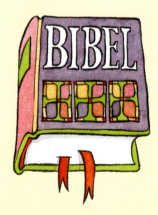

Geschichte

Lena und die Bücherei

Lena ist aufgeregt. Gleich ist sie mit Mama in der Bücherei angekommen. Dort leihen sie immer Bücher aus, um sie zu Hause zu lesen. Heute soll Lena ihren eigenen Büchereiausweis bekommen! Nachdem sie ihre ausgeliehenen Bücher abgegeben und die neuen ausgesucht haben, kommt der große Moment.
Die Frau am Empfang hebt ein Kärtchen hoch, auf dem groß „Büchereiausweis" steht. Dann sagt sie: „Hier tragen wir deinen Namen und deine Adresse ein und nun musst du auf der Rückseite unterschreiben." Lena nimmt den Stift und schreibt sorgfältig „Lena" auf den freien Platz. Dann geht sie stolz mit Mama nach Hause.
Einige Tage später entdeckt Lena im Bücherregal zu Hause ein ganz dickes Buch. Mit Mühe holt sie es aus dem Regal. Viele Worte sind da geschrieben und dazwischen sind sehr kostbare Bilder. „Mama, schau mal, das Buch hier!" Mama kommt ins Zimmer und sagt: „Oh, was hast du denn da? Das ist ja unsere alte Familienbibel."
„Geschichten aus der Bibel kenne ich", sagt Lena, „aber ich habe viele Bilderbücher und nicht ein so dickes. Da stehen immer Geschichten von Gott und von Jesus drin." – „Ja, eigentlich ist die Bibel auch eine ganze Bücherei. Du weißt ja, da gibt es auch unterschiedliche Arten von Büchern: Bilderbücher – Vorlesebücher – Sachbücher und noch viele mehr. Das, was diese Bücher verbindet, ist wirklich die Geschichte von Gott mit den Menschen. Sieh mal!"
Mama öffnet das dicke Buch. Auf der linken Seite ist es jetzt viel dicker als auf der rechten. „Hier, die linke Seite, das ist das Alte Testament, da wird die Geschichte von Gott mit seinem auserwählten Volk Israel erzählt und hier auf der rechten Seite, da stehen die Geschichten von Jesus und den ersten Christengemeinden. Das ist das Neue Testament!"
„Und was ist ein Testament?", will Lena wissen. „Na ja", antwortet Mama, „das ist etwas, das jemand aufschreibt und einem anderen schenkt, wenn er selbst nicht mehr da ist oder gestorben ist. Und weil wir Gott und Jesus heute nicht mehr sehen können, nennen wir die Bibel auch die „Heilige Schrift", in der Gott uns hat aufschreiben lassen, dass er uns Menschen lieb hat und mit uns ist." – „Hm", macht Lena, denn darüber muss sie erst einmal nachdenken.

Elsbeth Bihler

Die Bibel – ein Buch mit vielen Geschichten

Text	**Gestaltung**
Hier seht ihr ein großes dickes Buch. Weiß jemand, wie das Buch heißt? Es ist die Bibel.	In die Mitte wird eine dicke Bibel auf ein Tuch gelegt.
In der Bibel können wir Geschichten von Gott und den Menschen lesen.	Eine Sonne und Menschen aus Tonpapier werden zur Bibel gelegt.
Im Alten Testament hören wir Geschichten, die davon erzählen, wie Gott sein Volk Israel begleitet.	Aus Tüchern oder Steinen wird ein Weg zur Sonne gelegt.
Kennt ihr schon Geschichten aus dem Alten Testament?	Die Kinder erzählen, welche Geschichten sie kennen, z. B. die Schöpfungsgeschichte oder die Geschichte von der Arche des Noach. Evtl. werden Bilder davon in die Mitte gelegt.
Im Neuen Testament stehen die Geschichten von Jesus. Welche Geschichten kennt ihr schon von Jesus?	Ein Kreuz wird zur Bibel gelegt. Die Kinder nennen einige Geschichten von Jesus. Evtl. wurden die bekanntesten Jesusgeschichten vorher als Bild fotokopiert und werden jetzt um die Mitte herumgelegt.
Gott wollte, dass die Menschen froh und glücklich sind. Jesus hat es ihnen gezeigt. Davon erzählen andere Bücher im Neuen Testament.	Einige kleine Teelichter werden entzündet und auf die Figuren aus Tonpapier gestellt.

Aktion

Text

Viele Gemeinden haben sich gebildet, denen wurden von den Freunden Jesu Briefe geschrieben.

Alle Bücher im Neuen Testament erzählen vom Reich Gottes, in dem niemand mehr traurig sein muss.

Gestaltung

Ein Briefumschlag wird zur Mitte gelegt.

Eine dicke brennende Kerze wird dazugestellt.

Gestalten

BIBEL – BÜCHEREI – AUSWEIS

für

Dieser Ausweis berechtigt zum Lesen aller Bücher, die in der Bibel stehen!

Anregung: Diesen Ausweis kopieren. Die Kinder schreiben ihren Namen hinein und schneiden ihn aus. Sie können ihn auch noch schön verzieren.

Wissenswertes

Geschichtenerzähler

Heutzutage ist es selbstverständlich, in Büchern oder im Internet nachzuschauen, wenn man etwas wissen möchte. Da kann man nachlesen, was früher und heute alles auf der Erde passiert ist und geschieht. In Büchern und im Fernsehen erzählen Menschen Geschichten. Wenn man heute lesen und schreiben gelernt hat, ist das ganz einfach.

Das war vor vielen hundert und tausend Jahren noch ganz anders. Stellt euch vor, da gab es kein Papier und keine Stifte, keine Schreibmaschine und schon gar keinen Fernseher oder Computer. Es konnten auch noch lange nicht alle großen Leute schreiben und lesen. Manche konnten Bilder malen.

Dafür gab es einen anderen Beruf. Das war der Erzähler. Er konnte wunderbar Geschichten erzählen. So erfuhren die Leute, wie es früher war, wie die Menschen sich Gott vorstellten und was sie mit ihm erlebt hatten. Er erzählte auch Geschichten, aus denen man lernen konnte, was gut für die Menschen war und was nicht.

Erst später haben Menschen die Geschichten aufgeschrieben. Das war, nachdem die Schrift erfunden wurde. Zuerst haben sie auf Steine und später auf Papier geschrieben. Das waren zunächst Schriftrollen und erst viel später solche Bücher, wie wir sie heute kennen. Die ersten Schriftrollen und Bücher wurden mühsam mit der Hand geschrieben. Dann erfand jemand eine Maschine, mit der man Bücher drucken konnte. Und später gab es Schreibmaschinen und schließlich auch die Computer.

Aber zuerst gab es nur die Geschichtenerzähler, die alles, was wichtig war, weitererzählten. Und weil es viele Geschichtenerzähler gab, veränderten sich manche Geschichten, weil jeder sie immer etwas anders erzählte. Das richtete sich auch danach, wer die Zuhörer waren. Das kennst du auch. Kindern erzählt man Geschichten zum Beispiel anders als großen Leuten. So war das schon immer. Deshalb sind in der Bibel manchmal Geschichten mehrmals erzählt. Immer etwas anders.

Aber gerade deshalb konnten die Menschen sich noch besser vorstellen, was ihre Eltern und Großeltern und deren Eltern und Großeltern mit Gott erlebt hatten.

Spiele

Stille Post

Alle Kinder sitzen im Kreis. Das erste Kind flüstert seinem Nachbarn einen Satz ins Ohr. Der flüstert es dem nächsten ins Ohr usw. Das letzte Kind sagt laut, was es verstanden hat. (Meistens ist das etwas anderes, als das erste Kind gesagt hat.)

Geschichten erzählen

Die Kinder erzählen Geschichten nach, die sie vorgelesen bekommen haben – dabei erzählt jedes Kind das Gehörte auf seine Weise.

Gestalten

Schriftrolle

Zwei DIN-A5-Papiere werden mit der kurzen Seite aneinandergeklebt. An die jetzt entstandene rechte und linke Seite werden Schaschlikstäbe befestigt. Von rechts und links aus kann man nun die Papierrolle einrollen. Je nach Alter und Wissen der Kinder schreiben sie selbst oder ein Erwachsener entweder ein Wort (z. B. „Gott") oder einen Satz (z. B. „Gott hat dich lieb") oder eine biblische Geschichte auf die Schriftrolle.

Geschichten aus dem ALTEN TESTAMENT

Aus der Bibel

Gottes Bogen

Im Alten Testament finden wir zuerst die Geschichten, in denen sich die Menschen vorstellten, wie Gott die Welt erschaffen hat und wie die ersten Menschen lebten.
Ihr kennt die Geschichte, in der Gott eine große Flut auf die Erde schickte, weil die Menschen böse waren. Nur Noach, seine Familie und mit ihnen alle Tiere der Welt wurden in der Arche, dem großen Schiff, gerettet. Und so ging die Geschichte weiter:

Nach vierzig Tagen und vierzig Nächten hörte es auf zu regnen. Das Wasser begann zu sinken. Die Arche blieb an der Spitze eines Berges hängen. Noach öffnete ein Fenster und ließ einen Raben fliegen. Aber der kam bald zurück. Immer wieder. Dann nahm Noach eine Taube und ließ sie fliegen. Aber beim ersten Mal kam auch sie zurück, weil sie nirgendwo rasten konnte. Beim zweiten Mal brachte sie einen grünen Ölzweig mit. Das machte Noach Hoffnung. Beim dritten Mal kam die Taube nicht wieder und Noach wusste: Jetzt können wir die Arche verlassen.
Noach und seine Familie und alle Tiere gingen vom Schiff. Noach baute einen Altar aus Steinen und dankte Gott für die Rettung. Da sprach Gott zu Noach und den Menschen, die bei ihm waren: „Hier schließe ich meinen Bund mit euch und den Menschen, die nach euch leben, mit allen Tieren und Lebewesen, die mit euch die Arche verlassen haben: Ich will nie wieder eine Flut schicken, die das Leben auf der Erde zerstört. Ich gebe euch ein Zeichen, damit ihr mein Versprechen nie vergesst: Ich setze meinen Bogen in die Wolken. Der Bogen mit seinen bunten Farben soll euch an mein Versprechen erinnern. Wenn Wolken und Sonne am Himmel sind und der bunte Bogen erscheint, dann denke ich an euch und an mein Versprechen, das ich euch gegeben habe."

Nach Genesis 8 und 9

Stilleübung

Die Farben des Lebens

In der Mitte liegt ein Regenbogen aus bunten Tüchern. L spricht:

In der Mitte seht ihr einen Regenbogen mit seinen bunten Farben.
Gott hat uns das Leben geschenkt.
Jeder von uns ist anders,
so, wie die Farben des Regenbogens.
Gott sagt: ich hab dich lieb, so wie du bist.
Wir können Gott nicht sehen.
Und doch ist es so:
Wohin wir auch schauen, Gott ist da.
Von Gott kommt alles, was lebendig ist.
Sein Licht macht die dunkle Welt hell
und lässt sie in allen Farben funkeln.

Da ist das Blau,
dunkel und tief wie das Wasser,
das Leben schenkt und uns erfrischt,
hell und leuchtend wie der Himmel,
der sich wie ein schützendes Zelt über uns wölbt.
Gott schützt unser Leben.

Da ist das Rot,
strahlend, wie Rosenblüten,
dunkel, wie das Blut.
Rot, die Farbe der Liebe.
Gott hat uns lieb.

Da ist das Grün,
leuchtend, wie die Wiesen im Frühling,
wenn das Leben neu wird,
dunkel, wie das Laub der Bäume,
die uns Schatten spenden.
Gott schenkt uns das Leben.

Da ist das Gelb,
Licht der Sonne, die uns wärmt,
Sonnenblumen, die uns erfreuen,
Licht, das das Dunkel hell macht.
Gottes Licht leuchtet für uns.

Stilleübung

Und da sind noch viele andere Farben.
Gott ist so vielfältig, wie es Farben in seiner Schöpfung gibt.
Und in allen Farben zeigt er uns:
Ich bin da.
Ich bin in dir.
Ich bin um dich herum.
Wir können Gott nicht sehen, aber geheimnisvoll ist er doch da.

Lied

Ein bunter Regenbogen

1. Ein bunter Regenbogen ist übers Land gezogen. Die Sonne scheint aufs Gras, das noch von Regen nass.

2. Ein bunter Regenbogen ist übers Land gezogen. Und alle bleiben stehn, um ihn sich anzusehn.

3. Ein bunter Regenbogen ist übers Land gezogen, damit ihr's alle wisst, dass Gott uns nicht vergisst.

Text: *Rolf Krenzer*
Melodie: *Peter Janssens*
Aus: „Kommt alle und seid froh" 1982
Alle Rechte im Peter Janssens Musik Verlag,
Telgte-Westfalen

Aus der Bibel

Abraham bricht auf

Später wird im Alten Testament die Geschichte eines ganzen Volkes erzählt, des Volkes Israel, mit dem Gott eine lange Zeit unterwegs ist. Die Erzähler haben diese Geschichte als Familiengeschichte erzählt. Sie beginnt mit Abraham:

Abraham war ein frommer Mann. Er lebte in der Stadt Ur im Land Chaldäa. Dort hatte er einen großen Besitz: viele Schafe und Ziegen, viele Diener und Dienerinnen. Seine Verwandten wohnten auch in der Nähe. Er war reich, es ging ihm gut. Mit seiner Familie glaubte er an einen Gott, dem er vertraute. Das unterschied ihn von allen anderen Völkern um ihn herum, denn die glaubten an viele Götter.
Eines Tages, als Abraham draußen in der Wüste war, um mit seinem Gott zu sprechen und zu ihm zu beten, sagte Gott zu ihm: „Abraham, zieh weg von hier. Verlasse deine Verwandtschaft und geh in das Land, das ich dir zeigen werde. Ich werde dich zu einem großen Volk machen. Ich werde dich segnen und deinen Namen groß werden lassen. Du sollst ein Segen sein für alle, die dir begegnen. Alle, die dich segnen, will ich auch segnen."
Abraham gehorchte Gott. Er zog weg, wie Gott es ihm gesagt hatte. Er wusste nicht, wohin, aber er vertraute darauf, dass Gott sein Versprechen wahr machen würde.

Nach Genesis 12,1–4a

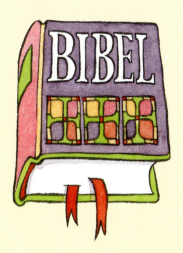

Aktion

Segen mit Bewegung

Text	Bewegung
Guter Gott, ich breite die Arme aus, ich erwarte deinen Segen,	Arme nach oben hin strecken.
in der Höhe, in der Tiefe, in der Weite.	Mit den Händen vom Boden schöpfen.
Guter Gott, ich breite die Arme aus.	Arme nach vorne öffnen.
Ich erbitte deinen Segen im Herzen eines Menschen,	Hände aufs Herz legen.
der mich sieht,	Hände an die Augen führen.
der mir zuhört,	Hände an die Ohren führen.
der mit mir spricht.	Hände an die Lippen führen.
Gott, dein Segen hüllt mich ein. Ich danke dir.	Mit beiden Händen einen Bogen beschreiben.

Wissenswertes

Familiengeschichten

Hier siehst du die Familie von Abraham, aus der das Volk Israel wurde.

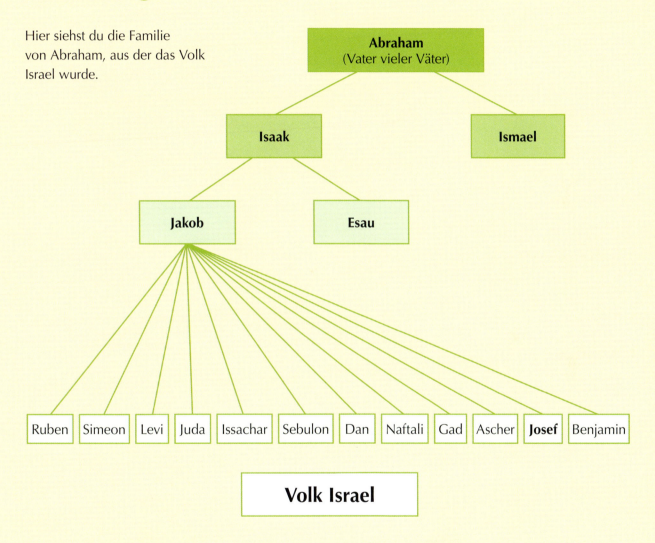

Josef kam nach Ägypten und später folgten ihm seine Brüder. In Ägypten wurde das Volk Israel groß.

Aktion

Familiengeschichten darstellen

Die Namen der eigenen Familie auf einzelne Blätter aufschreiben und so hintereinander legen, dass die unterschiedlichen Generationen deutlich werden.
Alternative: Einen Familienstammbaum ausfüllen.

Familiengeschichten erzählen

In jeder Familie gibt es Geschichten, die immer wieder erzählt werden.
Solche Geschichten können einander erzählt werden. Es können auch Geschichten einer Kindergartengruppe, einer Schulklasse usw. sein.
Unter dem Motto „Weißt du noch?" erzählen verschiedene Kinder die gleiche Geschichte.
Darauf achten, wie sich etwas verändert, weil jedes Kind die Geschichte anders erlebt hat und erzählt.

Aus der Bibel

Mose am Dornbusch

In Ägypten regierte ein König, der Pharao. Eines Tages meinte er, das Volk Israel ist zu groß, die machen sich zu wichtig! Und er begann, die Israeliten im Land schlecht zu behandeln. Die Menschen des Volkes Israel fühlten sich immer unwohler. Da suchte Gott einen Mann aus, der hieß Mose. Der sollte das Volk Israel aus Ägypten herausführen.

Mose lebte in der Wüste. Er war ein Mann aus dem Volk Israel, das in Ägypten lebte. Dort ging es dem Volk Israel sehr schlecht. Mose hatte das nicht mehr ausgehalten, weil er nicht helfen konnte. Deshalb war er vor langer Zeit aus Ägypten geflohen. Jetzt lebte er schon vierzig Jahre in der Wüste. Er weidete Schafe. Weit musste er umherwandern, damit er etwas Gras für seine Tiere fand. In der Wüste war es heiß und einsam.
Eines Tages sah Mose in der Ferne ein Feuer brennen. Neugierig ging er darauf zu. Da bemerkte er etwas Seltsames: Da stand ein Dornbusch in hellen Flammen, aber die Zweige verbrannten nicht. Mose ging immer näher an das seltsame Feuer heran. Da hörte er rufen: „Mose, Mose!" Mose schaute sich um. Jemand rief ihn, aber es war weit und breit kein Mensch zu sehen. Und wieder redete eine Stimme: „Zieh deine Schuhe aus! Der Ort, auf dem du stehst, ist heiliger Boden."
Da begriff Mose: Hier spricht Gott aus dem Dornbusch zu mir. Er zog seine Schuhe aus, warf sich auf den Boden und verbarg sein Gesicht, denn Gott ist so wunderbar und groß, dass kein Mensch ihn ansehen kann. Und Gott sprach weiter zu Mose: „Mose, führe mein Volk Israel aus der Gefangenschaft Ägyptens in die Freiheit!" Mose antwortete: „Aber, Herr, der König Ägyptens wird mich töten und mein Volk wird mir nicht glauben." Gott antwortete dem Mose: „Fürchte dich nicht, denn ich bin mit dir." Mose sagte: „Sag mir deinen Namen, damit ich ihn meinem Volk nennen kann." Gott antwortete: „Sag deinem Volk: Der ‚Ich-bin-da' schickt mich zu euch. Denn ich, Jahwe, euer Gott, werde immer bei euch sein." Da stand Mose auf und ging nach Ägypten, um sein Volk in die Freiheit zu führen, wie Gott es ihm gesagt hatte.

Nach Exodus 3,1–14

Aus der Bibel

Gestaltung zum Bibeltext

Text	Gestaltung
Mose war in der Wüste. Er war ein Mann aus dem Volk Israel.	Ockerfarbene Tücher werden in die Mitte gelegt, dazu einige Kieselsteine.
Er war ein Schafhirte. Er suchte in der Wüste nach Nahrung für die Schafe.	Ein Hirtenstab wird in die Wüste gelegt.
Dafür musste er weit wandern. Ab und zu fanden sie einmal einen kargen Busch mit Dornen.	Einige trockene Zweige werden in die Wüste gelegt.
Mose kam in die Nähe eines heiligen Ortes. Es war der Gottesberg Horeb, auf dem Menschen schon früher mit Gott gesprochen hatten.	Ein braunes Tuch wird als Berg über einen Karton, einen Stuhl o. Ä. gelegt.
Da sah er etwas Seltsames: Er sah einen Dornbusch, der brannte, aber dann doch nicht verbrannte.	Ein orangefarbenes Tuch wird zwischen die Dornensträucher geschoben.
Er dachte: Das muss ich mir näher ansehen. Er ging zu dem Dornbusch und plötzlich merkte er: Hier ist Gott mir ganz nah. Und er hörte Gottes Stimme. Sie sagte: „Mose, komm nicht näher heran. Der Ort, auf dem du stehst, ist heiliger Boden. Zieh deine Schuhe aus!" Mose zog seine Schuhe aus und warf sich zu Boden.	Ein Paar Sandalen werden zum Hirtenstab gelegt. Die Kinder können mit Gesten nachahmen, wie Mose sich zu Boden wirft.

Aus der Bibel

Text	Gestaltung
Gott sprach zu Mose: „Ich bin der Gott deines Vaters, der Gott Abrahams, Isaaks und Jakobs. Geh zu deinem Volk! Sag ihm, dass ich es aus der Not befreien werde."	Ein Weg mit Steinen oder Tüchern wird von der Mitte der Wüste aus nach außen gelegt.
Da sagte Mose: „Was soll ich ihnen sagen? Wie heißt du, Gott, wie ist dein Name?" Da sagte Gott: „Ich bin der ‚Ich-bin-da'. Sage meinem Volk: Der ‚Ich-bin-da' hat mich gesandt. Er will euch aus der Not befreien."	Ein Textstreifen mit den Worten „Ich bin da" wird zu dem Dornbusch gelegt.

Anregung: Hier kannst du den Namen Gottes in die Kästchen schreiben.

Wissenswertes

Von Richtern und Königen

Mose hat das Volk Israel aus Ägypten herausgeführt, bis in das Gelobte Land.
Das dauerte vierzig Jahre lang.
Als Mose gestorben war, wohnte das Volk in dem Gelobten Land. Damit alle in Frieden leben konnten, gab es Richter, die sagten, wenn jemand etwas falsch gemacht hatte.
Eines Tages aber sagten die Leute:
„Wir wollen einen König! Alle Völker um uns herum haben einen König!"
Da sagten die Richter: „Das ist Unsinn! Gott ist unser König, wir brauchen keinen anderen König!"
Das Volk aber sagte: „Wir wollen aber einen König haben!" Da beteten die Richter zu Gott und schließlich sagten sie: „Gut, ihr sollt einen König haben."
Einer der Richter hieß Samuel. Und Samuel machte Saul zum König.
Er goss ihm kostbares Öl über den Kopf und sagte: „Du bist nun König von Israel!" Saul war stolz darauf. Er ließ sich einen prächtigen Palast bauen. Aber Saul war kein guter König. Und deshalb sagte Gott zu Samuel: „Geh und salbe David zum König! Saul ist böse und gemein! Er will nichts Gutes für mein Volk." So wurde dann David König von Israel. David vertraute Gott und war ein guter König.

Aktion

Königskronen aus Goldpapier

Material:
Goldpapier, Scheren

Methode:
Einen Streifen Goldpapier ausschneiden in der Größe des Kopfes,
an einer Seite Zacken hineinschneiden und die Goldstreifen zusammenkleben.

Salben

In der Geschichte habt ihr gehört, dass Saul und David zum König gesalbt wurden.
Das tun wir gleich auch einmal:
Wenn man getauft wurde und wenn ihr einmal gefirmt werdet, wird man auch mit einem kostbaren Öl gesalbt, das Chrisam heißt. Salbe brauchen wir heute, um eine Wunde zu heilen oder um uns schön zu machen. Wenn wir in der Kirche gesalbt werden, dann bedeutet das: Für Gott bist du ganz kostbar.
Du sollst heil und schön sein – von innen und von außen. Damit wir immer daran denken, salbe ich euch jetzt auch mit einem kostbaren Öl.
L salbt jedem Kind die Stirn mit Rosenöl oder einer anderen Salbe.

Anregung: Man kann vorher auch ein Gespräch mit den Kindern führen, wozu wir heute Salbe brauchen und was es bedeutet, nicht nur äußerlich, sondern auch innerlich „schön" zu sein.

Wissenswertes

Psalmen loben und bitten Gott

David, der König Israels, versuchte Gott zu dienen. Es gelang ihm nicht immer, aber wenn er an Gott dachte, dann begann er mit seiner Hirtenharfe zu spielen und zu singen. Denn bevor David König wurde, war er ein Hirte und hat auf dem Feld den Schafen auf seiner Harfe vorgespielt und gesungen. Er sang Loblieder für Gott. Die stehen heute in der Bibel und heißen Psalmen.

Aus der Bibel

Herr, unser Gott

Herr, unser Gott, du bist der Größte,
dein Name ist auf der ganzen Erde bekannt;
größer als der Himmel, den wir sehen, bist du.
Was alle, die gegen dich sind, auch sagen,
Kinder und Säuglinge singen dein Lob.
Wenn ich mir den Himmel ansehe,
Mond und Sterne, und alles, was du gemacht hast:
Du bist so groß, und wir Menschen sind so klein.
Wie kommt es, dass wir für dich so wichtig sind?
Du hast den Menschen geschaffen,
du sagst: Wir sind dir ähnlich.
Alles, was du gemacht hast, hast du den Menschen anvertraut.
Alle Tiere in Haus und Hof, die wilden Tiere,
die Vögel am Himmel und die Fische im Wasser.
Herr, unser Gott, du bist der Größte.
Dein Name ist auf der ganzen Erde bekannt.

Nach Psalm 8

Anregung: Miteinander überlegen, wofür wir Gott loben und danken können, und es aufschreiben. Dieses Loblied miteinander sprechen.

Stilleübung

Der gute Hirte

Weißt du, was ein Hirte ist?
Früher gab es auch bei uns noch viele Hirten.
Sie zogen mit ihren Schafen über das Land.
Ein Hirte hütet Schafe. Er passt sorgfältig auf sie auf.
Er sorgt dafür, dass sie genug zu essen und zu trinken bekommen.
Er schaut nach den Muttertieren und den Lämmern.
Er hilft ihnen, wenn sie krank sind.
Er hat einen Hirtenstab. Damit kann er wilde Tiere verscheuchen und seine Herde zusammenhalten.
In Israel, dem Land, in dem Jesus lebte, gibt es auch heute noch viele Hirten, die ihre Schafe hüten.
Deshalb haben schon früher die Leute gedacht:
So wie ein Hirte seine Schafe hütet, so gibt auch Gott auf uns Acht.

Davon hat David auch ein Lied gesungen:

Aus der Bibel

Gott – der gute Hirte

Gott, du bist wie ein Hirte.
Du sorgst für mich, sodass mir nichts fehlt.
Auf grünen Wiesen darf ich weiden.
Am Wasser darf ich meinen Durst stillen und mich ausruhen.
Du gibst mir alles, was ich zum Leben brauche.
Du führst mich die richtigen Wege, wie du es versprochen hast.
Muss ich auch im Dunkeln gehen, ich fürchte nichts Böses.
Du gibst mir Mut und Zuversicht wie der Stock und Stab eines Hirten.
Denn du bist bei mir.

Nach Psalm 23,1–4

Aus der Bibel

Das Volk, das im Dunkel lebt, sieht ein helles Licht

Außer den Richtern und den Königen gab es ganz wichtige Männer im Volk Israel. Sie hießen Propheten. Propheten waren Menschen, die besonders gut verstanden, was Gott mit seinem Volk vorhatte.
Gott sprach durch die Propheten mit seinem Volk Israel. Manchmal ermahnte er die Menschen, manchmal tröstete er sie und machte ihnen Hoffnung. So schrieb der Prophet Jesaja, als das Volk Israel einmal in großer Not war:

Die Menschen in Not, die im Dunkel leben, sehen ein helles Licht;
ein Licht strahlt über denen auf,
die in Dunkelheit sind.
Gott, du bringst die Menschen zum Jubeln und schenkst große Freude.
Man freut sich, wenn du da bist, wie bei der Ernte.
Man jubelt, als hätte man einen Sieg errungen.
Denn du zerbrichst alles, was schwer auf uns liegt,
alles, was uns traurig macht und niederdrückt.
Alles, was böse ist, wird verbrannt, wird vom Feuer vernichtet.
Denn uns ist ein Kind geboren, ein Sohn ist uns geschenkt.
Er wird der Herrscher sein.
Man nennt ihn: Wunderbarer Ratgeber, Starker Gott, Vater für alle Zeit, Friedensfürst.
Er ist der beste Herrscher. Solange er regiert, wird der Friede kein Ende haben.
Gott, der Herr, wird das für uns tun!

Nach Jesaja 9,1–6

Später, im Neuen Testament, sagten die Menschen dann:
Dieses Kind, von dem Jesaja gesprochen hat, ist Jesus.

Aus der Bibel

Spiel zum Bibeltext

Die Kinder werden gebeten, die Dunkelheit, in der das Volk Israel lebt, mit Tüchern auf dem Boden darzustellen.
Sie versuchen dann, durch ihre Körperhaltungen deutlich zu machen, wie es den Menschen geht, die in diesem Land der Dunkelheit leben müssen: Kopf hängen lassen, zusammenkauern, das Gesicht verbergen. Sie versuchen, den Menschen im Land der Dunkelheit eine Sprache zu geben.
Beispiele:
Ich bin allein. Ich bin traurig. Ich bin verzweifelt usw.
Jetzt wird ein gelbes Tuch über die dunklen Tücher gelegt (oder eine brennende Kerze in die Mitte gestellt). Der Text Jesaja 9,1 wird vorgelesen. Alle versuchen, ihre niedergeschlagene Haltung zu verändern in eine Haltung, die Sehnsucht und Hoffnung ausdrückt (Kopf heben, Hände ausstrecken nach dem Licht, nach oben). Alle versuchen, ihre Sehnsüchte, Hoffnungen und ihre Wünsche zu benennen.

Geschichten aus dem NEUEN TESTAMENT

Wissenswertes

Eine freudige Nachricht breitet sich aus

Im Neuen Testament hören wir Geschichten von Jesus und von den ersten Christengemeinden. Die Geschichten von Jesus stehen im „Evangelium", das bedeutet „Frohe Botschaft". Auch als Jesus lebte, konnten die meisten Menschen nicht lesen und schreiben. Deshalb haben die Freunde von Jesus das, was sie wussten, zunächst weitererzählt. Auch hier war es so, wie bei den früheren Geschichtenerzählern: Jeder hatte das Zusammensein mit Jesus anderes erlebt, jeder erzählte Ereignisse aus dem Leben Jesu an andere Menschen weiter: Die einen waren einfache Fischer und Bauern, die anderen gebildete Menschen. Die einen kannten den Gott Israels schon, für die anderen war er noch fremd. Deshalb haben Menschen der Kirche vor vielen hundert Jahren entschieden, welche Erzählungen in das Neue Testament aufgenommen werden sollten. Es waren die Berichte von vier Freunden Jesu.
Sie hießen: Matthäus, Markus, Lukas und Johannes.
Jeder von ihnen hat das Leben Jesu etwas anders erzählt. Für jeden von ihnen waren andere Dinge wichtig. Deshalb gibt es Dinge, die alle vier erzählen, und andere Dinge, die nur einer von ihnen erzählt. Aber alle erzählen die Frohe Botschaft, die Jesus uns gegeben hat:
Gott hat euch lieb. Er will, dass alle Menschen froh und glücklich sind.
Alle erzählen, dass Jesus für diese Frohe Botschaft nicht nur freundlich empfangen wurde.
Für die, die das Land regierten, war er ein Störenfried. Deshalb musste er leiden und sterben. Aber Gott hat ihn auferweckt. Und das ist ein wichtiger Teil der Frohen Botschaft: Jesus sagt und hat es uns gezeigt: Mit dem Tod ist nicht alles zu Ende. Wir dürfen bei Gott sein. Da wird alles gut, was bisher noch nicht gut ist.

Anregungen: Die Kinder erzählen einander von frohen und schönen Dingen, die sie erlebt haben.
Evtl. kann das Spiel „Stille Post" mit einer frohen Nachricht gespielt werden.

Aus der Bibel

Jesus wird getauft

Die meisten Evangelien erzählen davon, dass Jesus, bevor er begann, den Menschen von Gott zu erzählen, von Johannes im Jordan getauft wurde:

Johannes war mit Jesus verwandt. Schon früh hatte er sich in die Wüste zurückgezogen und den Leuten gesagt: „Gott möchte, dass ihr mit euren bösen Taten aufhört! Kehrt um!"
Johannes taufte die Leute, die sich ändern wollten, am Fluss Jordan. Die Menschen waren voll Erwartung. Sie hofften, dass der Messias, der Erlöser, bald kommen und sie befreien würde. Manche dachten sogar, Johannes könnte vielleicht selbst der Retter, der Messias, sein.
Als Johannes das merkte, sagte er ihnen: „Ich taufe euch nur mit Wasser. Es kommt aber einer nach mir, der stärker und größer ist als ich. Er wird euch nicht mit Wasser, sondern mit dem Heiligen Geist und mit Feuer taufen. Er ist schon ganz nah."
Eines Tages kam auch Jesus zum Jordan und wollte sich zusammen mit den anderen Menschen taufen lassen. Er stieg mit Johannes in den Jordan. Während er betete, war es, als öffnete sich der Himmel, und der Heilige Geist kam sichtbar wie eine Taube auf ihn herab. Dann hörte Jesus eine Stimme aus dem Himmel, die sprach: „Du bist mein geliebter Sohn, an dir habe ich Gefallen gefunden."
So wurde deutlich, dass Jesus Gottes Sohn war und dass Gott mit Jesus sagt: Ich bin bei euch.

Nach Lukas 3,15–16.21–22

Aus der Bibel

Gestaltung zum Bibeltext

Text	**Gestaltung**
Hier siehst du einen großen Fluss. Der Fluss heißt Jordan.	Blaue Tücher werden in die Mitte in Gestalt eines Flusses gelegt.
Er fließt durch eine Wüste.	Tücher in Sandfarben werden neben den Fluss gelegt.
Am Ufer liegen Steine.	Kinder legen Kieselsteine an den Rand des Flusses.
Zwischendurch wachsen ein paar grüne Pflanzen.	Grüne Tuchstreifen (oder Streifen aus Kreppapier) werden zwischen die Steine gelegt.
Am Fluss ist Johannes. Er isst nicht viel. Er besitzt nicht viel.	Ein kleines Teelicht wird an das Flussufer gestellt.
Bei Johannes sind viele Menschen. Er tauft sie mit Wasser. Er sagt: „Ihr müsst euch ändern."	Eine Schüssel Wasser wird in den Fluss gestellt.
Johannes sagt auch: „Nach mir kommt einer, der ist viel größer als ich. Ich taufe euch nur mit Wasser. Er wird euch mit dem Heiligen Geist taufen, der von Gott kommt."	
Jesus kommt zum Jordan.	Eine große Kerze wird an den Fluss gestellt.
Johannes tauft Jesus mit Wasser. Viele, die dabei waren, sahen: Der Himmel öffnet sich. Gottes Geist kommt auf Jesus herab. Er sieht aus wie eine Taube. Gott sagt zu Jesus: „Du bist mein Sohn, den ich lieb habe."	Eine Taube aus weißem Papier wird neben die Schüssel mit Wasser gelegt.

Aus der Bibel

Auch heute noch werden Menschen getauft. Sie werden getauft, wenn sie in eine Gemeinschaft von Christen aufgenommen werden. Der Priester gießt ihnen dann Wasser über den Kopf und sagt:
Ich taufe dich im Namen des Vaters und des Sohnes und des Heiligen Geistes.

Jesus in der Synagoge

Nachdem Jesus aus der Wüste zurückgekehrt war, fühlte er sich gestärkt und erfüllt von der Kraft des Heiligen Geistes. Er ging nach Galiläa in seine Heimat zurück. Überall redete man über ihn. Er erzählte den Menschen im Gotteshaus, in der Synagoge, von Gott und wurde von allen bewundert.
So kam er auch nach Nazaret, wo er aufgewachsen war, und ging, wie gewohnt, am Sabbat, dem Ruhetag der Juden, in die Synagoge. Bevor er zu den Menschen redete, las er aus der Heiligen Schrift vor. Man gab ihm die Schriftrolle, auf der das Buch des Propheten Jesaja stand. Er rollte den Text auf und las folgende Zeilen vor:
„Gott ist mit mir.
Er hat mich gesandt,
damit ich den Armen die frohe Botschaft von Gott erzähle,
damit ich den Gefangenen die Freiheit verkünde
und die Blinden wieder sehend mache,
damit die Not der Menschen kleiner wird und ich den Menschen sage:
Gott hat euch lieb!"
Dann schloss er das Buch, gab es dem Synagogendiener und setzte sich.
Alle in der Synagoge schauten ihn an.
Da sagte er ihnen: „Heute ist das Schriftwort, das ihr eben gehört habt, wahr geworden."

Nach Lk 4,14–21

Lied

Wie man andere versteht

1. Wie man andere versteht, tröstend hin zu ihnen geht, wissen wir von ihm, wissen wir von ihm. Kommt, wir wollen Jesu Freunde sein, kommt, wir wollen seine Helfer sein.

2. Wie man anderen verzeiht, Frieden macht nach einem Streit, wissen wir von ihm …

3. Dass Gott jeden von uns liebt, uns verzeiht und uns vergibt, wissen wir von ihm …

4. Wie man hilft, wo Hilfe not, wie man Hungernden gibt Brot, wissen wir von ihm …

Text und Melodie: *Wolfgang Longardt*
© ABAKUS Musik Barbara Fietz, 35753 Greifenstein

Stilleübung

Ich spüre mich

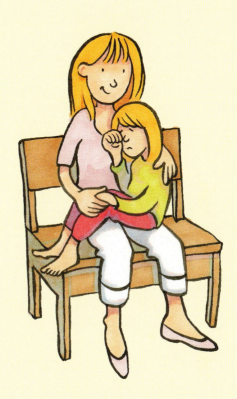

Alle sitzen im Kreis. L spricht:

Wir schauen uns an und wenn wir alles gesehen haben,
schließen wir die Augen.
Wir spüren, dass wir leben.
Wir atmen.
Wir spüren unser Herz klopfen.
Wir fühlen uns gut.
Wir sind gesund.
Manchmal fühlen wir uns nicht gut.
Wir haben Schnupfen und Husten.
Wir haben Fieber.
Wir sind krank.
Dann ist es gut,
wenn jemand für uns da ist.
Dann ist es gut,
wenn jemand uns pflegt und tröstet.
Manchmal fühlen wir uns nicht gut.
Wir haben etwas angestellt.
Wir waren böse und wütend.
Dann ist es gut, wenn jemand wieder sagt: Komm! Alles wird gut.
Dann ist es gut, wenn jemand uns in die Arme nimmt und sagt:
Ich hab dich lieb.
Wir öffnen unsere Augen.
Jesus sagt: Ich bin für die da, die krank sind und traurig,
und für die, die etwas angestellt haben und böse sind und wütend.

Aus der Bibel

Bartimäus

Jesus ging aus der Stadt Jericho hinaus. Viele Menschen begleiteten ihn. Vor dem Stadttor saß ein blinder Mann, der hieß Bartimäus. Schon viele Jahre bettelte er hier vor dem Stadttor, damit er leben konnte. Er hörte die Schritte der vielen Menschen, und er hörte sie auch sagen, dass Jesus dabei sei. Da begann er ganz laut zu rufen: „Jesus, hilf mir, geh nicht vorbei. Hab Erbarmen mit mir." Die Leute, die um ihn herum standen und ihn hörten, sagten zu ihm: „Was willst du denn? Für Bettler hat Jesus keine Zeit. Sei still!" Aber Bartimäus schrie nur noch lauter: „Jesus, Jesus, hilf mir!" Da hörte Jesus ihn rufen, und er sagte zu den Leuten: „Bringt ihn zu mir!" Da sagten die Leute zu Bartimäus: „Hab nur Mut, er ruft dich." Als Bartimäus das hörte, warf er seinen Mantel weg, sprang auf und lief zu Jesus. Jesus fragte ihn: „Was soll ich für dich tun?" Bartimäus antwortete: „Herr, ich möchte wieder sehen können." Da sagte Jesus: „Geh, dein Glaube hat dir geholfen." Im gleichen Augenblick konnte Bartimäus wieder sehen. Und er blieb bei Jesus und ging mit ihm.

Nach Markus 10,46–52

Gestaltung zum Bibeltext

Text	Gestaltung
Hier seht ihr ein Tor: Durch dieses Tor können Menschen in die Stadt hinein- und wieder aus ihr herausgehen. Die Stadt, in der unsere Geschichte spielt, heißt Jericho.	Ein Tor aus braunen Tüchern wird gelegt.
Eine Straße führt durch das Tor.	Mit Seilen wird eine Straße angedeutet, die durch das Stadttor führt.
An dieser Straße sitzt Bartimäus.	Eine kleine Kerze wird an die Straße, in die Nähe des Stadttores, gestellt, aber noch nicht angezündet.

Aus der Bibel

Text

Bartimäus ist krank. Er ist blind.
Er kann nichts sehen.

Jesus kommt aus der Stadt.

Um ihn herum sind viele Menschen. Seine Freunde, aber auch viele Menschen aus der Stadt, die Jesus sehen möchten.

Bartimäus hört, dass Jesus näher kommt.
Er beginnt zu rufen: „Jesus! Jesus!"
Die Leute sagen! „Sei still! Du bist nicht wichtig."

Jesus hört Bartimäus rufen.
Er sagt zu den Leuten: „Bringt ihn zu mir!"
Die Leute sagen zu Bartimäus: „Jesus ruft dich!
Du sollst zu ihm kommen." Bartimäus wirft seinen dunklen Mantel weg und lässt sich zu Jesus bringen.

Jesus fragt Bartimäus: „Was willst du von mir?"
Bartimäus sagt: „Herr, ich möchte wieder sehen können."
Jesus sagt: „Weil du Gott sehr lieb hast und einen starken Glauben in dir trägst, wird geschehen, was du dir so sehr wünschst."
Da konnte Bartimäus wieder sehen und er ging mit Jesus und seinen Freunden.

Gestaltung

Um die kleine Kerze herum wird ein schwarzes Tuch (oder Tuchstreifen) gelegt.

Eine große Jesuskerze wird an das eine Ende der Straße gelegt.

Bunte Tücher werden um die Jesuskerze gelegt.

Die Jesuskerze wird näher zu der kleinen Kerze von Bartimäus gestellt. Bunte Tücher werden zwischen Bartimäus und Jesus gelegt.

Die Kerze von Bartimäus wird näher zu Jesus gestellt, aus dem schwarzen Tuchkreis heraus.

Die Kerze von Bartimäus wird an der Jesuskerze entzündet und direkt neben die Jesuskerze gestellt.

Stilleübung

Sehen

Die Mitte ist mit Blumen und einer Kerze gestaltet. Die Kinder sitzen im Raum verteilt. L spricht:

Wir werden still und schließen die Augen.
Wir lassen alles hinter uns, was uns an diesem Tag begegnet ist.
Wenn wir uns frei und leer fühlen,
öffnen wir die Augen und schauen uns unsere Umgebung genau an:
den Raum, die Menschen, die Dinge.
Vielleicht fällt uns hier etwas besonders auf.
Wir gehen näher heran und schauen es an: die Form, die Oberfläche …
Wenn wir es genau betrachtet haben, gehen wir zurück auf unseren Platz.
Wir schließen die Augen.
Wenn wir sie wieder öffnen, bleiben unsere Augen an einem anderen Gegenstand hängen.
Auf den gehen wir wieder zu und betrachten ihn genau.
Nach einer Weile fordert L alle Kinder auf, sich wieder hinzusetzen. L spricht:
Wir haben viele Dinge in diesem Raum wahrgenommen.
Vielleicht möchte jemand erzählen, was er oder was sie gesehen hat.
(Darauf achten, dass die Kinder genauer beschreiben.)
Jetzt schließen wir die Augen.
Wir überlegen:
Wir haben nur einige Dinge hier in diesem Raum wahrgenommen und angeschaut.
In der Welt gibt es noch Millionen andere Dinge und Wunder zu sehen.
Was wäre, wenn wir das alles nicht mit unseren Augen sehen?
Stille und anschließend Austausch darüber.
Im Gespräch kann dann noch herausgearbeitet werden, dass wir oft blind sind,
obwohl wir mit unseren Augen sehen können.
Wann haben die Kinder das schon einmal erlebt?

Aus der Bibel

Vom Schatz im Acker

Jesus sagte den Menschen: „Ich weiß, ihr könnt euch das Reich Gottes nur schwer vorstellen. Deshalb versuche ich, es euch zu erklären.
Ihr müsst euch vorstellen, mit dem Reich Gottes ist es wie mit einem Schatz. Der Schatz war lange Zeit in einem Acker vergraben. Ein Mann pflügte das Feld um. Plötzlich entdeckte er die Kiste mit dem Schatz. Er freute sich sehr, aber zuerst grub er ihn wieder ein. Denn der Acker gehörte ihm nicht. Aber er wollte den Schatz unbedingt haben. Deshalb ging er nach Hause und verkaufte alles, was ihm gehörte. Mit dem Geld kaufte er dann den Acker und damit gehörte ihm auch der Schatz."

Nach Matthäus 13,44–46

Stilleübung

Schätze fürs Leben

L spricht:

Wir setzen uns ganz ruhig hin.
Wir machen die Augen zu. Wir atmen langsam und tief.
Alle unsere Gedanken kommen zur Ruhe.
Unser Kopf wird frei. Jetzt öffnen wir unsere inneren Augen.
Wir sehen Dinge und Menschen, die ganz wichtig sind für unser Leben.
Es können viele Menschen sein. Es können viele Dinge sein.
Manche sehen wir immer wieder. Sie sind besonders wichtig für uns.
Zum Schluss bleibt nur noch ein Bild übrig.
Wir schauen es noch eine Weile mit geschlossenen Augen an.
Dann öffnen wir die Augen.
Ich lasse jetzt eine Schale mit Perlen herumgehen. Jedes Kind nimmt sich bitte eine Perle.
Nacheinander dürft ihr jetzt zum Schatzkästchen in der Mitte gehen.
Ihr legt die Perle in das Kästchen und nennt das, was ihr vor eurem inneren Auge zuletzt gesehen habt.

Aus der Bibel

Das Gleichnis vom Festmahl

Jesus war mit seinen Freunden zu einem Fest eingeladen. Da sagte einer der Gäste zu Jesus: „Wie froh muss der Mensch sein, der einmal bei Gott im Himmel am Festmahl teilnehmen darf!"
Da sagte Jesus: „Zum Festmahl im Reich meines Vaters sind alle Menschen eingeladen. Aber es wird so sein, wie in dieser Geschichte:
Da war ein Mann, ein König, der hatte alle seine Freunde zu einem wunderschönen Fest eingeladen. Sein Sohn wollte heiraten. Der Saal war schon geschmückt, das Essen vorbereitet. Jetzt konnten die Gäste kommen. Und er schickte seine Diener zu den eingeladenen Gästen und ließ sagen: ‚Das Fest ist bereitet. Ihr könnt jetzt kommen!' Aber als die Diener zum ersten kamen, sagte der: ‚Ihr müsst mich entschuldigen. Ich habe gerade einen Acker gekauft. Den muss ich mir ansehen. Ich kann nicht kommen!'
Der nächste sagte: ‚Ich kann beim besten Willen nicht kommen. Ich habe mir gerade ein neues Ochsengespann gekauft. Das muss ich mir ansehen und es ausprobieren! Ihr müsst mich entschuldigen.'
Und ein anderer sagte: ‚Wie kann ich zu dem Fest kommen? Ich bin doch frisch verheiratet! Ich muss mich jetzt um meine Frau kümmern!' So ließen sich alle Gäste entschuldigen. Die Diener kehrten zu ihrem Herrn zurück und erzählten alles. Da wurde der Mann traurig und wütend. Er sagte zu seinen Dienern: ‚Geht auf die Straßen und Gassen der Stadt. Holt alle Armen, Blinden, Krüppel und Lahmen herbei!' Die Diener gingen und kamen bald wieder: ‚Wir haben alle mitgebracht, die wir finden konnten, wie du es gesagt hast. Aber es ist noch Platz.' Da sagte der Herr: ‚Dann geht auf die Landstraße vor die Stadt! Bringt alle mit, die ihr finden könnt, damit mein Haus voll wird. Nur von denen, die zuerst eingeladen waren, wird keiner an meinem Mahl teilnehmen.'"

Nach Lukas 14,15–24

Spiel zum Bibeltext

Die Kinder spielen die Geschichte pantomimisch nach.
Dafür können sie sich mit bunten Tüchern verkleiden.

Aus der Bibel

Gestaltung zum Bibeltext

Text	Gestaltung
Jesus sagt: Bei Gott, meinem Vater, ist es wie auf einem großen Fest.	Ein weißes Tuch wird als Tisch in der Mitte ausgebreitet.
Da war ein König.	Eine Krone aus Goldpapier wird an den Kopf der Tafel in der Mitte gelegt.
Der König hatte einen Sohn. Der Sohn wollte heiraten.	Eine zweite, kleinere Krone wird zu der anderen gestellt.
Die Diener des Königs hatten einen festlichen Tisch gedeckt mit Tellern und Gläsern, mit Blumen und Kerzen. Auch das Essen war fertig.	Die Kinder decken das Tuch in der Mitte festlich mit den genannten Gegenständen.
Der König sagte zu seinen Dienern: Geht und holt die Gäste herbei. Die Diener gingen los. Aber keiner der Gäste, die eingeladen waren, wollten jetzt kommen. Da wurde der König traurig.	Ein schwarzes Tuch wird um den Tisch gelegt.
Dann sagte er zu seinen Dienern: Wenn die, die eingeladen waren, nicht kommen wollen, dann geht hinaus auf die Straße und bringt zu unserem Fest alle mit, die ihr trefft. Die Diener gingen und das Fest wurde gefeiert.	Das schwarze Tuch wird wieder entfernt.
Der König sah sich seine Gäste an. Alle hatten sich fein gemacht, so gut sie konnten.	Zum Tisch werden bunte Tücher in der Form eines Gewandes gelegt. Dieses Gewand wird dann mit Perlen und Schnüren reich verziert.

Aus der Bibel

Jesus betet

Jesus zeigte den Jüngern auch, wie sie beten sollen.
Er sagte zu ihnen: „Wenn ihr betet, dann macht das nicht, um gesehen zu werden. Wenn du betest, dann ist das eine Sache zwischen dir und Gott, deinem Vater. Deshalb geh in dein Zimmer und mach die Tür zu. Dann bete zu deinem Vater, denn der sieht auch das Verborgene.
Wenn ihr betet, sollt ihr keine unnützen Worte machen wie die, die meinen, sie wüssten schon, was ihnen guttut. Das habt ihr nicht nötig, denn Gott, euer Vater, weiß doch, was ihr braucht.
Wenn ihr betet, dann betet so:

Vater unser im Himmel,
geheiligt werde dein Name.
Dein Reich komme.
Dein Wille geschehe,
wie im Himmel so auf der Erde.
Unser tägliches Brot gib uns heute.
Und vergib uns unsere Schuld,
wie auch wir vergeben unseren Schuldigern.
Und führe uns nicht in Versuchung,
sondern erlöse uns von dem Bösen.

Es ist nämlich so: Wenn ihr bereit seid, anderen zu vergeben, wenn sie euch Unrecht getan haben, dann wird Gott, euer Vater, euch auch vergeben. Wenn ihr aber hart seid und nicht bereit, den Menschen zu vergeben, dann wird Gott euch euer Unrecht auch nicht vergeben."

Nach Matthäus 6,5–15

Aus der Bibel

Gestaltung mit Tüchern zum Vaterunser

Text	Gestaltung
Vater unser im Himmel,	Eine dicke Kerze wird in die Mitte gestellt.
geheiligt werde dein Name.	Ein hellblaues Tuch wird um die Kerze gelegt.
Dein Reich komme.	Ein gelbes Tuch wird auf die eine Hälfte um das hellblaue Tuch gelegt.
Dein Wille geschehe,	
wie im Himmel so auf Erden.	Ein braunes Tuch wird an die untere Hälfte gelegt.
Unser tägliches Brot gib uns heute.	Ein grünes Tuch wird dazwischen gelegt.
Und vergib uns unsere Schuld,	Ein lila Tuch wird unter das braune Tuch gelegt.
wie auch wir vergeben unseren Schuldigern.	Ein weiteres lila Tuch wird dazugelegt.
Und führe uns nicht in Versuchung,	Ein schwarzes Tuch wird auf die andere Seite gelegt.
sondern erlöse uns von dem Bösen.	Ein weißes Tuch wird dazugelegt.
Denn dein ist das Reich und die Kraft und die Herrlichkeit in Ewigkeit.	Rote Tücher werden um das gesamte Bild gelegt.
Amen.	

Körperübung

Beten

Wenn Menschen beten, reden sie mit Gott.
Sie sitzen, stehen oder knien vor ihm.
Sie falten die Hände oder öffnen sie.
Sie halten die Arme bei sich oder öffnen sie weit.

Wir stehen.
Wir stehen vor Gott.
Wir sind ganz da.

Wir öffnen die Arme.
Wir öffnen die Hände.
Gott kann zu uns kommen.
Er kann etwas in uns hineinlegen.

Wir knien.
Wir machen uns klein.
Wir sagen:
Gott, du bist groß.

Wir falten die Hände.
Wir sammeln uns.
Wir werden ruhig und still.

Wir verneigen uns bis zur Erde.
Wir sagen:
Wir gehören ganz dir, Gott.
Nimm uns, wie wir sind.
Alle unsere Haltungen sagen: Gott, hier bin ich …

Aus der Bibel

Jesus sagt: Ich bin bei euch

Nachdem Jesus von Gott auferweckt worden war, begegnete er noch oft seinen Freunden. So plötzlich, wie er kam, ging er auch wieder. Er war bei ihnen und doch aus einer anderen Welt. Sie wussten aber auch: Irgendwann werden wir ihn so nicht mehr sehen. Jesus wollte zurückkehren zu seinem Vater im Himmel. Oft hatte er es angekündigt. Bei der letzten Begegnung sagte er: „Ich gehe jetzt zurück zu meinem Vater. Aber ich lasse euch nicht allein. Ich bin immer bei euch. Ich werde euch meinen Helfer, den Heiligen Geist, senden. Er macht euch stark und mutig. Dann werdet ihr allen Menschen auf der ganzen Welt die Frohe Botschaft von Gottes Reich verkünden." Als er das gesagt hatte, war es den Jüngern, als würde Jesus von ihnen weg in den Himmel gehoben. Sie konnten ihn nicht mehr sehen, weil eine Wolke ihn verbarg. Noch lange standen sie da und schauten in den Himmel. Dann gingen sie zurück in die Stadt.

Nach Apostelgeschichte 1,1–11

Anregung: Einander erzählen, was wir tun können, damit andere sich nicht allein fühlen und sich an uns erinnern, auch wenn wir nicht bei ihnen sind.

Aus der Bibel

Die erste Christengemeinde

Die Menschen, die sich von den Freunden Jesu taufen ließen, hielten fest zusammen. Sie waren eine Gemeinde. Sie glaubten und erzählten weiter, was sie von Jesus gehört hatten. Sie beteten miteinander und brachen das Brot, so, wie Jesus es ihnen aufgetragen hatte. Die Freunde Jesu taten viel Gutes. Alle, die zur Gemeinde gehörten, bildeten eine Gemeinschaft. Sie hatten alles gemeinsam. Sie verkauften alles, was sie übrig hatten, und verteilten es so, dass jeder genug zum Leben hatte. Tag für Tag trafen sie sich im Tempel, so hieß damals eine Kirche, zum Gebet. Sie feierten das Mahl Jesu, sie freuten sich miteinander, sie sangen und lobten Gott. Sie waren bei allen beliebt. Jeden Tag kamen neue Menschen, die zur Gemeinde gehören wollten.

Nach Apostelgeschichte 2,42–47

Gestaltung zum Bibeltext

Material:
Haus aus Tüchern in der Mitte, Kelch und Schale, Bibel, Menschenfiguren aus Tonpapier

Methode:
Der Schrifttext wird vorgelesen, dann im Gespräch herausgearbeitet, was die ersten Christen miteinander taten.
Für jede der drei Grundfunktionen der Gemeinde wird ein Gegenstand in die Mitte gelegt:
Sie brachen das Brot/sie feierten Gottesdienst: Kelch und Schale in das Haus stellen.
Sie verkündeten die Frohe Botschaft: Buch in die Mitte legen.
Sie halfen einander: Menschenfiguren in die Mitte legen.

Gestalten

Das Haus Gemeinde

Material:
Tücher, Bausteine

Methode:
In die Mitte wird aus Tüchern ein Haus gelegt. Mit vielen bunten Bausteinen wird gemeinsam das Haus „Gemeinde" verziert: Es bekommt Fenster und Türen und ein wunderschönes Muster.

Gemeindemobile

Material:
Holzreifen, Bindfaden, Fotokarton (blau, gelb, rot), Schablonen für die Figuren, Scheren, Stifte

Methode:
Miteinander wird überlegt, wo in der eigenen Gemeinde diese drei Dinge geschehen: Glauben verkünden, Gottesdienst feiern und beten, miteinander leben – einander helfen. Die Gedanken dazu werden auf drei verschiedenen Tapeten festgehalten. Dann werden Symbole aus Fotokarton ausgeschnitten: für jede Nennung der Kinder ein Symbol. *Verkündigung:* Buch (blau); *Gottesdienst:* Kelch und Schale (gelb); *Nächstenliebe:* Menschen (rot). Auf die entsprechenden Symbole werden die von den Kindern genannten Dinge geschrieben. Dann werden die beschrifteten Symbole in bunter Reihenfolge an den Holzreifen gebunden.

Wissenswertes

Briefeschreiber

Nachdem Jesus gelebt hatte, verkündeten die Freunde Jesu die frohe Botschaft vom Reich Gottes.
Sie kamen in viele Orte. Dort gründeten sie christliche Gemeinden und reisten dann weiter.
Das Reisen war damals mühsam, denn es gab noch keine Flugzeuge, Autos, Eisenbahnen und Fahrräder. Sie mussten zu Fuß gehen, reiten, mit dem Pferdewagen oder auch mit dem Schiff fahren. So konnten sie nicht schnell von einer Stadt zum nächsten Ort reisen. Deshalb schrieben sie immer wieder Briefe an die neu gegründeten Gemeinden, die von Boten überbracht wurden.
Der Apostel Paulus schreibt zum Beispiel an die Gemeinde von Rom:

Aus der Bibel

Unterschiedliche Gaben

Wir haben unterschiedliche Gaben, je nachdem, was Gott uns geschenkt hat. Jeder kann etwas anderes. Wenn einer gut reden kann, dann soll er von Gott erzählen. Wenn einer gut anderen helfen kann, dann soll er das tun. Wenn jemand gut anderen etwas beibringen kann, dann soll er ein Lehrer sein.
Wer andere gut trösten kann, der soll andere trösten. Egal, was ihr gut könnt, tut es und erfreut damit Gott und die anderen Menschen!

Nach Römer 12,6–8

Aus der Bibel

Ihr seid von Gott geliebt

An die Menschen, die in Kolossä Christen geworden sind, schreibt Paulus:

Vergesst es nie: Gott hat euch lieb. Ihr seid für ihn etwas ganz Besonderes!
Deshalb sollt ihr euch besonders darum bemühen, gut zu anderen Menschen zu sein und euch gegenseitig zu helfen. Wenn es mal nicht so klappt, dann versucht, euch gegenseitig zu ertragen, und seid immer wieder bereit zu vergeben, wenn ihr einander Unrecht tut. Denn Jesus, unser Herr, hat auch immer wieder vergeben. Das Wichtigste aber ist, dass ihr einander lieb habt. Lasst den Frieden Jesu Christi in eure Herzen einkehren und seid dankbar.
Erzählt alles, was ihr von Jesus wisst, und erklärt es euch gegenseitig.
Und dann lobt Gott. Singt ihm Lieder und Gebete, wie sie euch vom Geist Gottes gegeben werden.
Denn Gott hält euch in seinen Händen.

Nach Kolosser 3,12–16

Ideen zu den Bibeltexten
Miteinander überlegen und erzählen:
- Das kann ich besonders gut.
- Das möchte ich besonders gut können.
- Das können wir tun,
  um gut miteinander zu leben.

Aus der Bibel

Das himmlische Jerusalem

Johannes war ein Mensch, der an Jesus und an Gott glaubte. Er träumte vom Reich Gottes, von dem Jesus immer wieder erzählt hat.
Im letzten Buch der Bibel schreibt er seinen Traum für uns auf:

Ich sah im Traum einen neuen Himmel und eine neue Erde.
Ein Engel Gottes zeigte mir die heilige Stadt, das Reich Gottes, das neue Jerusalem.
Sie kam von Gott her aus dem Himmel herab; und sie war wunderschön!
Sie glänzte wie ein kostbarer Edelstein.
Die Stadt hatte eine große und hohe Mauer mit zwölf Toren und zwölf Engeln darauf.
In jeder Himmelsrichtung waren es drei.
Die Stadt war viereckig gebaut und ebenso lang wie breit.
Die zwölf Tore waren zwölf Perlen; jedes der Tore bestand aus einer einzigen Perle.
Die Straßen der Stadt waren aus reinem Gold, wie aus klarem Glas.
Es gab keine Kirche in der Stadt, weil Gott selbst in ihr wohnte.
Es gab auch kein Licht darin, weder Sonne noch Mond, und trotzdem war es ganz hell.
Gottes Licht erleuchtete sie, und das Licht war Jesus Christus.
Da hörte ich eine laute Stimme rufen: Seht, hier will Gott unter den Menschen wohnen!
In ihrer Mitte wird er sein, und sie gehören ganz zu ihm. Gott wird immer bei ihnen sein.
Er wird alle trösten, die traurig sind, und ihre Tränen abwischen.
Keiner muss mehr sterben, und niemand muss traurig sein und weinen. Keiner muss sich mehr plagen.
Denn was früher war, ist nicht mehr.
Gott spricht: Seht, ich mache alles neu.

Nach Offenbarung 21

Einstimmung

Gottes Stadt

Sicher warst du schon einmal in einer großen Stadt.
Viele Menschen leben dort.
Gute und Böse.
Viele Menschen sind traurig.
Viele Menschen sind in Not.
Manche helfen den anderen.
Manche sind fröhlich und machen andere froh.
Menschen leben und sterben.
Wir glauben: Gott ist da, wo Menschen leben.
Gott ist da, wo Menschen anderen Menschen Gutes tun.
Wir möchten, dass die Menschen froh sind.
Das möchte Gott auch.
Gottes Reich soll Wirklichkeit werden.
Einmal wird es so sein.

Stilleübung

Wir träumen von Gottes Stadt

Alle sitzen im Kreis. In der Mitte liegt eine Darstellung des himmlischen Jerusalem oder eine Stadt, aus bunten Bauklötzen gebaut, mit zwölf Toren. L spricht:

In der Bibel wird von der himmlischen Stadt Jerusalem erzählt, die von Gott kommt.
Hören wir den Text (siehe oben), den der Seher Johannes aufgeschrieben hat.
Während wir gut zuhören, schließen wir die Augen und stellen uns die wunderschöne Stadt Gottes vor.
Der Text wird gelesen.
Dann können die Kinder bei ruhiger Musik ein Mandala ausmalen.

**Bibliografische Information
der Deutschen Nationalbibliothek**

Die Deutsche Nationalbibliothek verzeichnet diese Publikation in der Deutschen Nationalbibliografie; detaillierte bibliografische Daten sind im Internet über http://dnb.d-nb.de abrufbar.

Das Gesamtprogramm des Lahn-Verlags finden Sie im Internet unter www.lahn-verlag.de

ISBN 978-3-7840-3497-3

© 2011 Lahn-Verlag GmbH, 47623 Kevelaer, Deutschland, www.lahn-verlag.de
Alle Rechte vorbehalten
Umschlagillustration: Eve Jacob, Baden-Baden
Umschlaggestaltung: Elisabeth von der Heiden, Geldern
Schriftsatz, Notensatz und Reproduktion:
Kontrapunkt Satzstudio Bautzen
Druck und Bindung: völcker druck, Goch
Printed in Germany